1904. Mai. 31

SUCCESSION DE M. LE DOCTEUR GEBAÜER

VENTE A CLÉRY (LOIRET)

Les Mardi 31 Mai et Mercredi 1er Juin 1904

TABLEAUX, DESSINS, AQUARELLES

MINIATURES

TOILES, DESSINS ET LITHOGRAPHIES

D'EUGÈNE DELACROIX

ESTAMPES

OBJETS D'ART ET D'AMEUBLEMENT

CATALOGUE

DES

TABLEAUX, DESSINS

DU XVIIIe SIÈCLE

TOILES, DESSINS ET LITHOGRAPHIES

D'Eugène DELACROIX

ESTAMPES

OBJETS D'ART ET D'AMEUBLEMENT

DONT LA VENTE

PAR SUITE DU DÉCÈS

De M. le Docteur GEBAÜER

Aura lieu à CLÉRY (Loiret)
Les Mardi 31 Mai et Mercredi 1er Juin 1904
A deux heures.

NOTAIRES :	EXPERT :
Me LOISEAU, à Cléry	M. HERLUISON,
Me HUERNE, à Beaugency	Rue du Bourdon-Blanc, 27
	A ORLÉANS

1904

CONDITIONS DE LA VENTE

Elle sera faite au comptant. Les acquéreurs paieront 10 pour 100 en sus du prix des adjudications.

Nota. — On a conservé les attributions du possesseur, sans toutefois en garantir l'exactitude.

L'exposition mettant le public à même de se rendre compte de l'état et de la nature des objets, il ne sera admis aucune réclamation une fois l'adjudication prononcée.

Exposition les Dimanche 29 et Lundi 30 Mai.

M. Herluison, d'Orléans, chargé de la vente, remplira les commissions qu'on voudra bien lui confier.

Le présent catalogue se distribue :

A Orléans, chez M. Herluison, rue du Bourdon-Blanc, n° 27;

A Cléry, chez Me Loiseau, notaire ;

A Beaugency, chez Me Huerne, notaire.

La collection livrée aux enchères par suite du décès de M. le docteur E. Gebaüer, ancien conseiller général du Loiret, provient de M. F. Leblond, son oncle, ancien Directeur des Douanes, décédé à Paris en 1872.

Le nom de cet amateur est souvent cité dans le *Journal d'Eugène Delacroix*, publié par MM. P. Flat et R. Piot. Paris, Plon, 1893-1895, 3 vol. in-8°.

Leblond fut un des intimes de Delacroix. Il était assidu aux réunions d'amis, en compagnie desquels le peintre se reposait du labeur de la journée. Cela explique la présence des peintures, dessins et lithographies du maître qui figurent sous les numéros 12 à 36 de cette notice.

Quoiqu'il ne soit fait aucune mention d'encadrement au cours de la désignation qui suit, la presque totalité des peintures et dessins est pourvue de bordures dorées, dont quelques-unes sont anciennes.

La petite ville de Cléry, chef-lieu de canton du département du Loiret, est située sur la rive gauche de la Loire à 14 kilomètres d'Orléans et à 5 kilomètres de la station de Meung-sur-Loire. Entre autres souvenirs historiques, son église collégiale bâtie par Louis XI, renferme le tombeau de ce Souverain, les restes de Dunois, dit le Bâtard d'Orléans et de plusieurs princes de la maison de France.

I. — PEINTURES

ANONYMES

1 — La joueuse de vielle.

Panneau bois marouflé. Haut., 45 cent. ; larg., 15 cent.

2 — Godefroy de Bouillon, portrait à mi-corps.

Cuivre. Haut., 17 cent. ; larg., 14 cent.

3 — Portrait d'homme.

Toile. Haut., 60 cent. ; larg., 50 cent.

4 — L'Adoration des Mages.

Toile. Larg., 1 m. 50 ; haut., 1 m. 10.

5 — Portrait de M. Leblond.

Toile signée T. C., 1870. Haut., 10 cent. ; larg., 6 cent.

BOUCHER (École de)

6 — Vénus et l'Amour, deux pendants.

Toiles. Haut., 90 cent. ; larg., 80 cent.

BREUGHEL

7 — La mise au tombeau et l'Ascension du Christ, deux petites peintures sur cuivre dans le même cadre.

Haut. et larg., 5 cent.

BRUNERY

8 — Femme mauresque.

Panneau marouflé. Haut., 33 cent., larg., 10 cent.

CHAMPAIGNE (Philippe de)

9 — Portrait d'Arnauld d'Andilly, de Port Royal.

Toile. Haut., 92 cent. ; larg., 67 cent.

CORRÈGE (d'après)

10 — Jupiter et Léda.

Toile. Larg., 1 mètre; haut., 75 cent.

DAVID (attribué à)

11 — Buste de jeune fille.

Toile. Haut., 60 cent. ; larg., 42 cent.

DELACROIX (Eugène)

12 — Jeune orpheline au cimetière.

Toile. Haut., 65 cent. ; larg., 54 cent.

Non signé ni daté.

Assis de face, la tête penchée en arrière et tourné à droite, le modèle à les yeux levés vers le ciel, le cou et le haut de la poitrine découverts, la main droite posée sur les genoux.

Cette puissante étude a été faite au moment ou Delacroix préparait la grande composition du Massacre de Scio ; elle rappelle le mouvement de la vieille femme grecque agenouillée auprès du corps de sa fille morte, dans ce tableau. Le maître y attachait une certaine importance car il l'exposa au selon de 1824. (N° 66 cat. Robaut).

13 — Aline la mulatresse.

Toile. Haut., 60 cent. ; larg., 43 cent.

Le modèle vu presque de face est coiffé d'un vaste turban bleu. La robe grise, très ouverte, est fixée au corsage de dessous par une large broche de forme carrée, dorée et ornée de pierres de couleur. Un châle rouge descend des épaules pour envelopper les bras. Signé à droite à hauteur de l'épaule Eug. Delacroix. (n° 98 du cat. Robaut.)

14 — Tête de femme Souliote au turban bleu, dite Aline la mulatresse. (n° 87 Cat. Exposition).

Toile. Haut., 36 cent. ; larg., 25 cent.

15 — Femme grecque, tête ayant servi pour son tableau du massacre de Scio. Salon de 1824. (n° 90 Cat. Exp.)

Toile. Haut., 42 cent. ; larg., 34 cent.

16 — Femme couchée sur un divan. (n° 83 Cat. Exp.)

Toile. Larg., 32 cent. ; haut., 24 cent.

17 — Femme couchée vue de dos, 1824. (n° 85 Cat. Exp.)

Robaut sous le n° 106 de son catalogue indique ce tableau sous le titre de : « *Le Modèle Rose* ».

18 — La femme aux papillons ou le rêve du soir, 1825.

Des papillons de nuit voltigent autour d'une lumière. Une jeune fille en déshabillée rêve en les regardant. C'est un dessin très poussé, n° 1511, Robaut.

Sépia gouachée sur papier gris. Haut., 195 mill.; larg , 135 mill.

19 — Deux Palikares.

Dessin à la sépia sur papier (n° 265 cat. exposition de Delacroix). Haut., 19 cent. ; larg. 18 cent.

20 — Le joueur de clarinette altéré, 1821 (n° 1.474 cat. Robaut).

Croquis à la sépia. Haut., 153 mill. ; larg., 110 mill.

21 — Turc.

Dessin à la plume, rehaussé. Haut. 22 cent. ; larg., 17 cent.,

22 — Tête de portefaix.

Dessin à la mine de plomb sur papier. Haut., 7 cent.; larg., 6 cent.

23 — Deux orientaux. 1820 (n° 1.477 Robant).

Dessin au trait rehaussé de sépia. Haut., 14 cent. ; larg. 11 cent.

24 — Portrait d'actrice.

Aquarelle. Haut., 11 cent. ; larg., 9 cent.

25 — Actrice.

Sur une carte placée au dos de l'encadrement on lit : *Hommage respectueux à Mme la comtesse de Biran, Eug. Delacroix.*

Aquarelle. Haut., 11 cent. ; larg., 9 cent.

26 — Caprice à propos de la mort (1830).

Pochade sur papier format in-octavo. Larg., 21 cent. ; haut., 14 cent.

M. Leblond avait soigneusement conservé ce croquis en souvenir des circonstances qui l'avaient fait naître sous les doigts du maître. On plaisantait sur la mort : « Voici » avait dit Delacroix « comment je serai dans mon dernier sommeil » (1557 Robaut).

27 — Cavalier marocain (428 Robaut).

Dessin à la mine de plomb. Haut., 8 cent. ; larg., 10 cent.

28 — Courses de chevaux.

Dessin à l'encre de chine. Larg., 19 cent. ; haut., 5 cent.

29 — Cheval.

Dessin à la plume. Larg., 16 cent. ; haut., 9 cent.

30 — Cheval arabe (no 102 Robaut.)

Sépia. Larg., 18 cent. ; haut., 13 cent.

31 — Bougie allumée et bouteilles sur une table.

Esquisse à la plume. Larg., 14 cent. ; haut., 10 cent.

32 — Un roulier à l'auberge 1826.

Dessin original crayon et sépia, signé au bas à gauche (164 Robaut).

33 — Un roulier à l'auberge.

La lithographie originale de Delacroix, épreuve de premier état.

34 — Un roulier à l'auberge.

Lithographie, épreuve en noir avec signature L. +, au bas à gauche.

35 — Un roulier à l'auberge.

Lithographie, épreuve coloriée.

M. A. Robaut, qui décrit minutieusement ces pièces ajoute : « On ne connaît pas d'autres épreuves que celles indiquées ci-dessus, qui sont par conséquent de véritables raretés. »

AUTOGRAPHES

36 — 7 Lettres autographes signées d'Eugène Delacroix à son ami Leblond, 1840-1841 in-8°. — Portrait du Maitre, photog.

ECOLE FRANÇAISE

37 — Portrait de Henri IV enfant, en pied.

Bois. Haut., 30 cent. ; larg., 25 cent.

38 — Louis XIV enfant.

Haut , 65 cent. ; larg., 48 cent.

39 — Louis XV enfant.

Bois. Haut., 15 cent. ; larg., 14 cent.

40 — Portrait de femme tenant des fruits.

Toile. Haut., 82 cent. ; larg., 65 cent.

41 — Judith et Holopherne.

Toile. Larg., 86 cent. ; haut., 77 cent.

42 — Buste de jeune fille.

Toile. Haut., 72 cent. ; larg., 58 cent.

43 — Portrait de femme costume de l'époque Louis XIV.

Toile. Haut., 90 cent. ; larg., 67 cent.

44 — Portrait d'homme. XVIIIe siècle.

Toile. Haut., 80 cent. ; larg., 63 cent.

45 — Portrait de femme.

Toile. Haut., 48 cent. ; larg , 40 cent.

46 — Deux portraits de femmes, en buste, costume Louis XIV.

Toile. Haut., 41 cent. ; larg., 33 cent.

47 — Portrait de femme, époque Louis XV.

Toile. Haut., 40 cent. ; larg., 32 cent.

48 — Paysage.

Bois. Haut., 17 cent. ; larg., 13 cent.

ECOLE DU XVIIe SIÈCLE

49 — Portrait de femme, en buste.

Toile ovale. Haut., 70 cent. ; larg., 58 cent.

50 — Portrait de femme, médaillon ovale.

Cuivre. Haut., 11 cent. ; larg., 9 cent.

51 — La femme au manchon.

Toile. Haut., 95 cent. ; larg.. 75 cent.

ECOLE ITALIENNE

52 — Sainte Cécile.

Toile. Haut., 103 cent. ; larg., 84 cent.

ÉCOLE ORIENTALE

53 — Tête d'homme, peinture persanne.

Haut., 40 cent. ; larg 32 cent.

FRAGONARD

54 — L'enfant au tambourin.

Toile. Haut., 58 cent. ; larg., 47 cent.

Sur un fond de verdure, d'un geste gracieux et coquet, la fillette se livre à la danse et frappe sur un tambourin qu'elle tient en l'air. Elle est vêtue d'une jupe rouge à retroussis; deux roses sont piquées dans ses cheveux. Une guirlande de fleurs gît à ses pieds. Composition charmante.

GREUZE (J. B.)

55 — Enfant aux papillottes.

Toile. Haut., 32 cent. ; larg., 22 cent.

56 — L'oiseau perdu.

Bois. Haut., 26 cent. ; larg., 21 cent.

GRIMOUX

57 — Portrait de femme.

Toile. Haut., 65 cent. ; larg., 55 cent.

MAITRE ANONYME, XVIIe SIÈCLE

58 — Pastorale.

Cuivre. Haut., 27 cent. ; larg., 18 cent.

MIERIS (VAN)

59 — Portrait de femme.

Bois. Haut., 15 cent.; larg., 12 cent.

PRUDHON (ECOLE DE)

60 — Buste d'enfant.

Toile. Haut., 19 cent. ; larg., 10 cent.

RIGAUD (HYACINTHE)

61 — Marie-Thérèse d'Autriche.

Toile ovale. Haut , 66 cent.; larg., 57 cent.

ROSALBA (attribué à)

62 — Portrait de Marquise.

Toile ovale. Haut., 65 cent.; larg., 55 cent.

TOCQUÉ (L.)

63 — Portrait de femme, provenant du château de Mareau-aux-Prés, ancienne résidence de la famille Garnier de Farville.

Toile. Haut., 65 cent.; larg., 55 cent.,

VAN LOO (Carle)

64 — Femme assise, portrait présumé de Mlle de La Vallière.

Toile. Haut., 1 mètre ; larg., 80 cent.

VELASQUEZ

65 — Portrait d'un jeune prince espagnol richement costumé, béret à plumes, sceptre à la main, fleurs sur sa robe.

Intéressante toile ovale. Haut., 70 cent.; larg., 55 cent.

II. — DESSINS, PASTELS, GOUACHES ET AQUARELLES

Blaise

66 — Portrait de femme.

Dessin à la mine de plomb (1826).

Bonnart (François).

67 — Le triomphe de Vénus.

Dessin à la plume, rehaussé. Signé à droite F. Bonnart, 1643. Haut., 21 cent. ; larg., 27 cent.

Boucher (François).

68 — Vénus endormie et l'amour.

Dessin à la sanguine. Long., 60 cent. ; haut., 42 cent.

Trois charmantes figures dans un milieu champêtre avec cascade s'écoulant d'une tête de dauphin.

69 — Bacchantes et nymphes au bain.

Dessin à la sanguine. Larg., 42 cent. ; haut., 28 cent

Très jolie composition renfermant une dizaine de figures avec fond champêtre.

70 — Deux amours.

Dessin sur papier au lavis bleu.

71 — Femme couchée.

Dessin à la sanguine.

Larg., 39 cent. ; haut., 25 cent.

72 — Femme assise.

Dessin à la sanguine. Larg., 23 cent. ; haut., 23 cent.

73 — Femme couchée.

Dessin à la pierre noire, rehaussé de blanc, sur papier gris. Larg., 56 cent. ; haut., 40 cent.

74 — Femme couchée.

Dessin à la pierre noire, sur papier gris. Larg., 31 cent. ; haut , 25 cent.

Boucher (Ecole de).

75 — Sujet de genre.

Dessin à la pierre noire, rehaussé. Larg., 0 m. 27 ; haut., 0 m. 23.

76 — Paysage avec figures ou personnages.

Dessin à la sanguine ou gouaché. Larg., 45 cent. ; haut., 33 cent.

Boulanger (Louis).

77 — Mousquetaire.

Sépia. Haut., 22 cent. ; larg., 18 cent.

Champin (Mme), née Pitet.

78 — Fleurs.

Pastel. Haut., 80 cent.,; larg., 63 cent.

Clodion (d'après)

79 — Bacchantes.

Dessin à la pierre noire rehaussé de blanc sur papier gris. Larg., 43 centt, ; haut., 30 cent.

Ecole du XVIIe siècle.

80 — La peinture et la musique représentées par des têtes de jeunes filles.

2 pastels ovales. Haut., 55 cent.,; larg., 40 cent.

Ecole française.

81 — Jeune fille, enfant et chien, groupe.

Aquarelle de l'époque romantique. Haut., 19 cent., larg., 18 cent.

82 — Moïse frappant le rocher.

Grand dessin à la sanguine sur papier. Larg., 78 cent. ; haut., 48 cent.

83 — Amazone, en costume de l'époque Louis XIV.

Lavis à l'encre de Chine, sur velin.

84 — Portrait de femme avec guirlande de roses dans ses cheveux.

Pastel ovale. Haut., 62 cent. ; larg., 48 cent.

85 — Deux vues de palais de France.

En haut : les armes royales, en bas armoiries ovales : de gueules à la fasce d'azur chargée d'un besant de gueules et au-dessous le mot : *Protectori*.

86 — Vue de Venise.

Gouache dans une jolie bordure en bois doré.

87 — Scène d'intérieur.

Dessin à la mine de plomb.

88 — Grand-père et enfant.

Aquarelle moderne.

89 — Personnages.

Aquarelle moderne.

90 — Paysage.

Gouache. Larg., 51 cent. ; haut. 36 cent.

91 — Paysage.

Gouache. Mêmes dimensions.

Ecole hollandaise.

92 — Paysage avec personnages.

Gouache. Larg., 44 cent. ; haut., 32 cent.

Enfantin.

93 — Montmartre (1822).

Dessin. Larg., 15 cent.; haut., 11 cent.

Fielding (Thalès)

94 — Paysages et sujets de genre.

7 petits dessins à la plume et à la sépia.

Fixés.

95 — Dix-huit profils ou faces d'hommes et de femmes de l'antiquité.

Fixés sur verre dans 6 cadres mesurant 19 cent., sur 6 cent.

95 *bis*. — L'Aiglon (Napoléon II), fixé or sur fond noir.

Fragonard (attribué à).

96 — Apollon et l'Amour.

Aquarelle. Haut., 15 cent.; larg., 12 cent., composition des plus gracieuses.

Hubert (Robert).

97 — Vues de Sicile.

5 pièces à la gouache.

Huet.

98 — Scène champêtre.

Dessin au crayon sur papier. Haut., 19 cent.; larg., 15 cent.

99 — Deux figures de femme.

Esquisses au crayon noir sur papier. Larg., 21 cent. haut., 13 cent.

Leblond (F.)

100 — Tête de femme.

Aquarelle ovale d'après un dessin d'Isabey.

101 — Portrait d'homme, médaillon ovale.

Aquarelle. Haut., 7 cent.; larg., 6 cent.

Lebrun (d'après Charles).

102 — La bataille de Constantin.

Gouache. Larg., 46 cent. ; haut., 19 cent.

Lecomte (Hyppolyte).

103 — Officier de ligne.

Dessin à l'aquarelle.

Le Poitevin

104 — Un buveur.

Dessin au crayon sur papier. Haut., 15 cent. ; larg., 12 cent.

105 — Sujets de genre.

13 petits dessins à l'encre de chine et à la sépia.

Marchand (Mme Cécile).

106 — Portrait.

Gouache. Haut., 13 cent. ; larg., 9 cent.

Monnier (Henry).

107 — « Taisez-vous, gros polisson. »

Dessin à la mine de plomb.

108 — Les joueurs de boule, Henry Monnier à son ami Leblond, 1823.

Larg., 23 cent. ; haut., 19 cent.

Palmieri (Joseph).

108 *bis*. — Groupe d'animaux.

Lavis à la sépia (signé) Larg., 43 cent ; Haut., 27 cent.

Prud'hon (attribué à).

109 — Buste d'enfant.

Toile. Haut., 40 cent. ; larg., 32 cent.

Robert (Hubert).

110 — Deux paysages avec chutes d'eau.
Gouaches. Larg., 60 cent. ; haut., 45 cent.

111 — Vue de monuments antiques (*collection Vidal*).
Aquarelle. Larg , 60 cent. ; haut., 42 cent.

112 — Ruines antiques avec paysage.
Gouache. Larg., 44 cent. ; haut., 31 cent.

Soulié.

113 — Sujet de genre ou paysage.
6 petits dessins.

Tassaert (attribué à).

114 — La tentation de saint Antoine.
Aquarelle. Larg., 37 cent. ; haut., 28 cent.

Vigé-Lebrun (d'après Mme).

115 — Le Dauphin Louis XVII fils de Louis XVI.
Pastel. Haut., 39 cent. ; larg., 30 cent.

116 — Etude de jeune fille, tête dirigée à droite.
Pastel. Haut., 34 cent. ; larg., 28 cent.

117 — Sous ce numéro seront vendus des dessins encadrés de David, Deveria, Couturier, Louis Boullanger et autres.

III. — MINIATURES

Anonymes.

118 — La femme au perroquet. (La comtesse du Barry).

Miniature. Haut., 7 cent. ; larg., 5 cent.

119 — La tentation de saint Antoine.

Miniature. Haut., et larg , 7 cent.

120 — Portrait de Molière.

Miniature ovale sur velin. Haut., 10 cent. ; larg., 8 cent.

121 — Profil d'homme.

Miniature en grisaille. Haut., 0,05. Long., 0,04.

122 — Portrait d'homme, costume directoire.

Miniature sur ivoire. Haut. et long., 0,08.

123 — Portrait de femme.

Miniature ovale. Haut., 0,04. Long., 0,03.

124 — Portrait de femme.

Miniature ronde. Diam., 0,06.

125 — Portrait d'homme.

Miniature ovale. Haut., 0,06.

Blarenberg (Van)

126 — Pastorale.

Miniature ovale sur velin. Haut., 0,04. Long., 0,03.

Leblond (F.)

127 — Louis XIV enfant.

Miniature sur velin. Haut., 0,22. Long., 0, 18.

128 — Femme couchée.

Miniature. Long., 0,09. Haut., 0,06.

129 — Odalisque couchée.

Miniature sur ivoire. Long., 0,07.

130 — Lever de nourrice.

Miniature. Haut., 0,07. Larg., 0,05.

131 — Sainte Famille.

Miniature sur velin. Long., 0,20. Haut., 0,15.

132 — Dix petites miniatures ovales et rondes, dont sept portraits d'hommes, et trois de femmes dans un cadre italien en bois sculpté et doré.

Haut., 0,55. Long , 0,35.

133 — Six petites miniatures ovales, portraits d'homme et femme dans un joli cadre en bois du XVIIe siècle, finement sculpté et doré.

Long., 0,17. Haut., 0,10,

IV. — ESTAMPES

Allais (d'après **Boilly**).

134 — La crainte mal fondée. — La tourterelle chérie.

Deux pièces en couleur, in-fol. en trav.

Bonnet, d'après **Huet**.

135 — L'éventail cassé.

In-fol. en couleur.

Caquet, d'après **Lavreince**.

136 — L'innocence en danger.

Chaponnier (A), d'après **Challe**.

137 — L'indiscret.

Très belle épreuve en couleur.

Copia, d'après **Sicardi**.

138 — Oh ! che gusto.

In-fol. ovale, en bistre, au pointillé.

Demarteau, d'après **Boucher**.

139 — Nymphes et satyres.

Deux petites estampes en coul.

Ecole anglaise (XVIIIe siècle).

140 — La jeune mère.

Deux estampes anglaises en couleur au pointillé, 1784. Encadrées dans des bordures ovales.

Flippart, d'après **Greuze**.

141 — L'accordée de village. — La mère bien-aimée. — Le gâteau des rois. — La dame bienfaisante.

Quatre pièces en largeur

Huet (J. B.)

142 — Animaux.

Quatres petites frises, rehaussées à la Sépia.

Huquier (Gabriel)

143 — Sujet de genre d'après Boucher et autres, ornements etc.

25 pièces en un album in-fol.

Knigt (d'après **Benwell**).

144 — « Cupid's revengé. »

In-8° ovale en couleurs.

Lavreince (d'après).

145 — Le lever des ouvrières en modes.

In-8° en travers, teinte sépia.

Leprince (d'après Boucher et autres.)

146 — Les Strelitz, anciens militaires de Pierre le Grand. Habillements de femmes de Moscovie et vues dédiées à Pajou, Lagrenée et Vernet.

In-fol., 28 pièces à toutes marges

Le Veau (d'après **Aubry**).

147 — La Bergère des Alpes.

In-fol. en travers.

Macret (d'après Mouchet).

148 — La Méprise.

In-fol. ovale en travers.

Porporati (d'après Van Loo).

149 — Le Coucher.

In-fol.

Reynolds (d'après).

150 — La musique ou Mademoiselle Ste-Huberty.
La vertueuse épouse ou Pénélope d'après Angelica Kaufmann.

2 pièces in-fol. ovales, à la sanguine.

Romanet (d'après **Fragonard**).

151 — La mère de famille.

In-fol. en travers.

152 — Portrait de l'actrice Joséphine Grassini.

Epreuve imprimée sur satin et encadrée d'une broderie d'or, in-fol.

V. — SCULPTURE, CÉRAMIQUE

Arago (V.)

153 — Zouave en pied, chargeant.

Cire fixée sur plaque de verre. Signée : *V. Arago à son ami Leblond*, 1863. Haut., 23 cent. ; larg., 17 cent.

154 — Tête de chérubin et ange.

Sculptures en bois provenant de Jouy-le-Potier.

155 — Vénus endormie et la Source.

2 terres cuites sur socles en bois noir. Haut., 30 cent.

156 — Bacchante tenant une grappe de raisin à la main.

Terre cuite.

157 — Faune buvant.

Terre cuite. Haut., 40 cent.

158 — Voltaire et J.-J. Rousseau.

2 bustes plâtre teinte terre cuite.

Clodion (d'après)

159 — Persée délivrant Andromède.

Voir nº 186. Pendule en biscuit.

Falconnet (d'après).

160 — Baigneuse.

Biscuit. Haut., 70 cent.

161 — Jeune fille assise appuyée sur une corbeille de fleurs.

Biscuit de Sevres en pâte tendre. Haut., 22 cent.

162 — Groupe de 3 personnages, femme allaitant son enfant.

Biscuit. Haut., 20 cent.

163 — Pomone et l'amour.

Biscuit. Haut., 26 cent.

164 — Deux groupes champêtres.

Biscuits formant pendant. Haut., 27 cent.

165 — Buste de femme.

Biscuit. Haut., 35 cent.

166 — Deux groupes.

Biscuit. Haut., 20 cent.

167 — Cage.

Biscuit.

168 — Chalet avec personnages.

Porte-montre en biscuit. Haut., 25 cent.

169 — Deux vases de Chine décorés, avec personnages.

170 — Sujet de genre avec costumes XVIIIe siècle.

2 peintures sur porcelaine, rondes dans des cadres carrés. Diamètre 18 cent.

171 — Groupes, vases, figurines, assiettes en faïence et porcelaine, de diverses provenances; services de table en porcelaine décorée, etc., seront vendus sous ce numéro.

VI — MOBILIER

172 — Grande armoire en noyer, Louis XIII, avec panneaux à compartiments.

173 — Belle table, style Louis XIV, en bois sculpté et doré. Dessus en marbre des Pyrénées.

174 — Grande console ovale style Louis XV en bois sculpté et doré. Dessus en marbre blanc.

175 — Console Louis XIV, en bois sculpté et doré avec pieds ornés de têtes de béliers. Dessus marbre des Pyrénées.

176 — Console Louis XVI, en bois sculpté et doré avec guirlandes de fleurs. Dessus marbre des Pyrénées.

177 — Guéridon style Louis XV, bois sculpté et doré dessus en velours grenat

178 — Meuble de salon style Louis XV composé de 1 canapé, 10 fauteuils, 7 chaises, bois sculpté et doré recouvert de satin groseille broché.

179 — Fauteuil Empire en bois doré, recouvert de satin groseille broché.

180 — Ecran en acajou, avec tapisserie au petit point. Epoque Empire.

181 — Guéridon rond à étagère, en acajou, à 3 pieds courbés en console, galeries et ornements en cuivre, marbles blancs. Epoque du Directoire.

Diam., 1 mètre.

182 — Piano de Van Overbergh, avec incrustations de cuivre, genre Boulle, ayant figuré à l'Exposition de 1855.

183 — Glace style Louis XV, bordure cintrée, avec ornements et dragons en bois sculpté et doré.

Haut., 1 mètre 50 ; larg., 90 cent.

184 — Glace bizautée cintrée, double cadre doré.

Haut., 2 mètres ; larg., 1 mètre 45.

185 — Glace à biseaux, double cadre, fronton historié, en bois sculpté et doré.

186 — Belle Pendule en biscuit représentant un groupe de Clodion : *Persée délivrant Andromède*. Base ornée d'une frise en bronze doré. Cadran portant le nom de Gaston Joly à Paris.

Haut , 50 cent.

187 — Pendule en porcelaine avec décors de couleur.

188 — Garniture de cheminée composée d'une grande Pendule moderne, en bronze doré avec figures d'amours ; deux grands candélabres avec mêmes figures portant 6 lumières, mouvement de Leroy.

189 — Garniture de foyer moderne, style Louis XVI en bronze doré.

190 — Grand lustre en bronze doré, moderne, à 32 lumières, avec pendeloques et pièces d'enfilage en cristal.

Haut. 1 mètre 50.

191 — Petit lustre en bronze doré, moderne, avec pendeloques et pièces de cristal.

Haut., 80 cent.

192 — 2 girandoles à pied à 6 lumières, bronze et pendeloques en cristal.

193 — Grand lustre en cristal ayant appartenu à Rossini.

194 — Quatre appliques en cristal, de même provenance.

195 — Deux vases de cheminée, en bronze, avec amours sur la panse. Epoque Empire.

Orléans — Imp. P. Pigelet 8, rue Saint-Étienne

La vente des chevaux, voitures et du matériel de jardin aura lieu le Jeudi 2 Juin.

Celle du mobilier ordinaire, les Dimanches 5 et 12 juin. Les livres et les instruments de chirurgie, le 12 Juin.

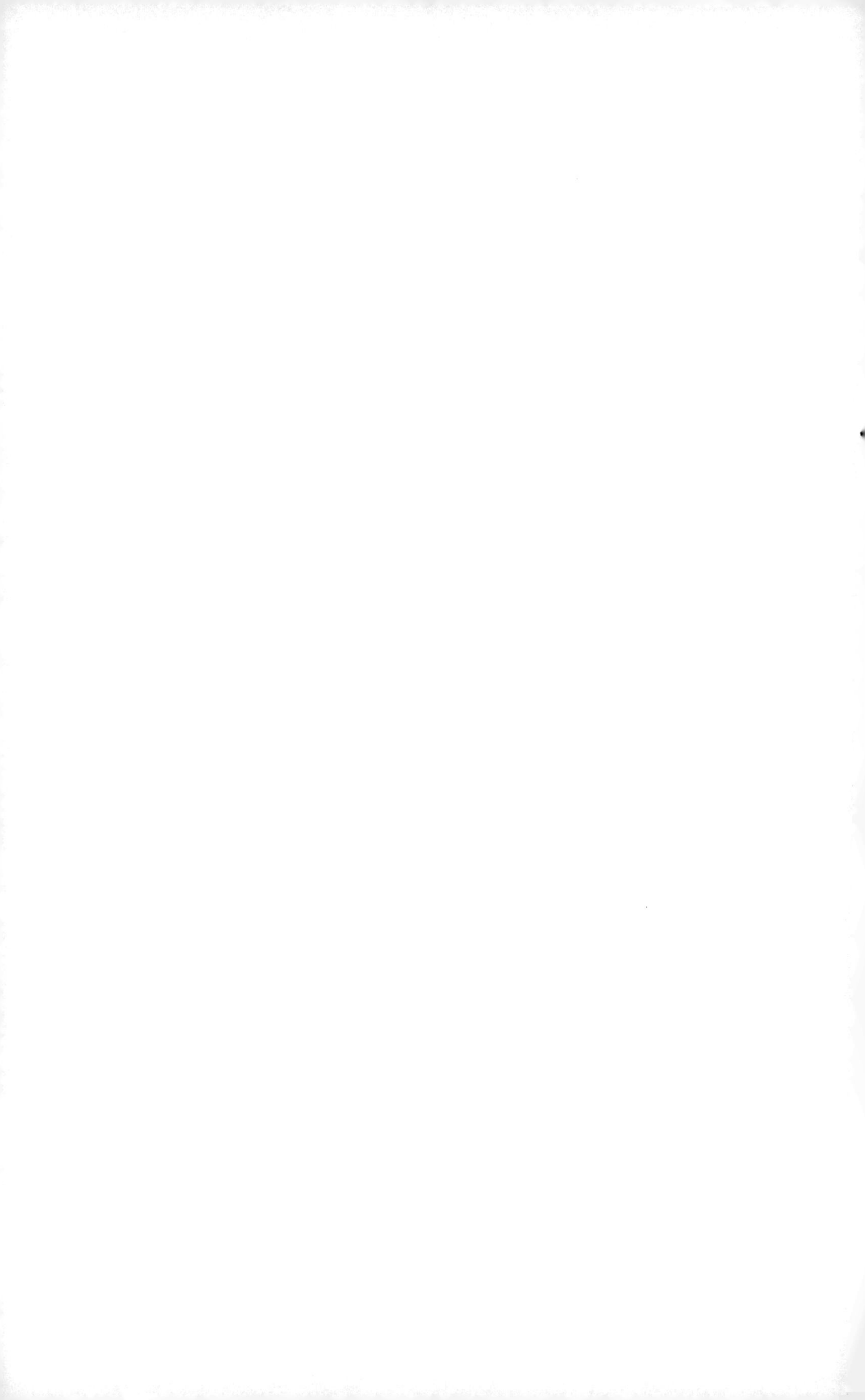

www.ingramcontent.com/pod-product-compliance
Ingram Content Group UK Ltd.
Pitfield, Milton Keynes, MK11 3LW, UK
UKHW020525180726
13839UKWH00005B/2311